Made in the USA
Las Vegas, NV
24 September 2024

95744756R00031